TONANTIUS FERREOLUS,

PROVINCIÆ GALLIÆ PRÆFECTUS,

IMP. VALENTINIANO III.

THESIM

FACULTATI LITTERARUM BISONTINÆ PROPONEBAT

AUGUSTUS CHARAUX,

RHETORICÆ PROFESSOR, AD DOCTORIS GRADUM PROMOVENDUS.

PARISIIS

APUD ARMAND COLIN, BIBLIOPOLAM. — VIA DICTA DE CONDÉ, 16.

—

MDCCCLXXVI.

—

TONANTIUS FERREOLUS,

PROVINCIÆ GALLIÆ PRÆFECTUS,

IMP. VALENTINIANO III.

THESIM

FACULTATI LITTERARUM BISONTINÆ PROPONEBAT

AUGUSTUS **CHARAUX**,

Rhetoricæ Professor, ad doctoris gradum promovendus.

CARISSIMO L. PINGAUD,

APUD FACULTATEM LITTERARUM, IN ACADEMIA BISONTINA,
HISTORIARUM PROFESSORI,

VERÆ AMICITIÆ PIGNUS.

MONTE-MARTIANO. — EX TYPIS, LECLERCQ.

TONANTIUS FERREOLUS,

Provinciæ Galliæ Præfectus,

IMP. VALENTINIANO III.

PROEMIUM.

Qua perturbatione omnium rerum Burgundiones et Wisegothi, à Germaniâ orti, Dei ultores inscii, secreto impulsi motu, invaserint Galliam, nimis omnibus est notum ! Quorum alii se stipendium facere profitebantur, ut Imperii fines defenderent, alii armis Provincias occupabant et populabantur : Universi autem isti barbari, genere diversi, multitudine infiniti, ad illam evertendam Romam, quæ sibi aeternum promiserat aevum, unanimo consensu, oculos spe praedae flectebant, et, jubente deo, properabant. Omnis tùm veterum humanitas, disciplina, quaelibet ars bona, originis suæ vitio corrupta, et quasi falsae religionis veneno imbuta, quamvis Imperatores Christo devoti, mores reficere, barbaros repellere tentarent, brevi tempore exstinguenda videbatur.

Attamen eadem ætate, in ipsis Galliis, homines reperire est, (eo majori laude dignos, quod pauci se oculis præbent), qui à tanto optimarum artium naufragio enatent, unà que hostibus ingenii vim opponant, victorem ut non armis ità mente superent, et monumenta litterarum quæ posteris accipienda sint, omni servent ope, ipsi doctrina exculti, neque pro tàm infelici tempore, dicendi intelligendi ve mediocres auctores. Inter quos mihi ponere liceat, illustrissimo quoque omisso, natum quinto post Christum sæculo, Sidonii Apollinaris amicum, T. Ferreolum, cujus vitam enarrare, res gestas enumerare, (ille quidem præfectus Galliarum exstitit, vir auctoritate pollens in Provinciâ suâ, à civibus suis et hostibus magni æstimatus) litterarum deniquè studium laudare experiar.

CAPUT I.

Tonantii Ferreoli vita.

Licet nulla Tonantii Ferreoli scripta supersint, quæ ejus vitam, mores et ingenium illustrent, datum est tamen aliquot invenire documenta, quæ ad illum Galliarum Præfectum pertinent. Ex his maximè profuerunt Epistolæ et carmina Sidonii Apollinaris, qui Ferreoli amicissimus, pari propemodùm ætate fuit, cùm bonâ fide, tùm operum et nominis claritudine nobilis. Igitur à nullo alio meliùs aperiri certa via potest, quâ Tonantium ad memoriam jàm revocemus, illius que viri expressam et vividam imaginem, post tot sæcula, offeramus.

Quædam prætereà ex variis documentis sumpsimus, quæ tantam fidem etiamsi non faciant, minimè tamen sunt contemnenda : horum alterum doctissimum, sub illo titulo in lucem editum est : (1) « Historia litterarum in

(1) A Benedicti sancti discipulis.

Galliâ ; » alterum autem tale profert nomen : « Historia Galliarum sub Præfectis Prætorio. » (1) Primùm satis constat T. Ferreolum, circiter anno 420, natum esse, genere Patricio, apud Rutenos, in castello, quod Trevidon S. Apollinaris nominat — Nec modò nobili loco ortus, sed etiàm majores sortitus virtute et ingenio egregios idem T. Ferreolus videtur (2) « cujus in domo patriciatus que et triumphos proavorum numero aequari » vulgò dicere solebant, prætereà que « eosdem proavos à nemine unquàm aut probitate aut innocentia superari potuisse. » Cæterùm hujus rei Sidonium ipsum testem adhibere est : « Si amicitiæ nostræ, inquit, potiùs affinitatis que quàm personæ tuæ tempus, ordinem, statum « cogitaremus, jure vobis in hoc opere, quantulumcumque « est, primæ titulorum rubricæ, prima sermonum officia « dedicarentur.

« Isset per avitas tibi stylus noster curules ; patricias « nihilominùs infulas enumeraturus non tacuisset triplices « præfecturas, et Syagrio tuo pro totiès mutatis præconibus « præconia non negâsset. Patrem indè patruosque minimè « silendos percurrisset; et quamlibet posset triumphalibus « adoreis familiæ tuæ defatigari, non tamen eatenùs explicandis antiquorum stemmatibus exinaniretur, ut ob hoc « ad narrandam gloriam tuam fieret obtusior ; qui, si

---

(1) Auctore Lacario. (Claromonti 1672).

(2) Marcellus : « De Francorum regno origine et progressione. »

etiàm in scribendis majorum tuorum virtutibus fuisset hebetatus, tuis denuò meritis acuminaretur. » (1)

Sidonio quidem affinem fuisse, jàm tanto majorum nomine illustratum T. Ferreolum, ex illâ Epistolâ patet : imò, sanguine nobili uxorem duxit Papianillam, consulis Afranii Syagrii filiam, quam his carminibus S. Apollinaris laudavit :

« Horum cum fueris sinu receptus, (2).
Ibis Trevidon, et calumniosis
Vicinum nimis heu ! jugum Rutenis !
Hìc docti invenies patrem Tonanti.
Rectorem columenque Galliarum,
Prisci Ferreolum parem Syagrii,
Conjunx Papianilla quem pudico
Curas participans juvat labore,
Qualis nec Tanaquil fuit, nec illa
Quam tu, Tricipitine, procreasti,
Qualis nec Phrygiæ dicata Vestæ,
Quæ contrà satis Albulam tumentem
Duxit virgineo ratem capillo.
Hinc te Lesora Caucason Scytharum
Vincens aspiciet, citusque Tarnis.... ..

Ferreolum autem credere dignum est, circiter anno

---

(1) S. Apollinaris. L. 7. Ep 12.

(2) T. Apollinaris Carmina 24. — Propempticon ad libellum. 31-45. V.

450, Præfectum Galliae electum, tùm ad gubernacula Reipublicæ accessisse, cùm tanto officio fungi, et de patria, in summo periculo, benè mereri, maximè arduum erat. Neque tamen universam exspectationem ille fefellit, at verò omnibus ad sperandum de rebus publicis quasi signum aliquod sustulit. Quippè qui, tunc Gallis suaserit, ut Aëtii ducis Romani viribus vires suas conjungerent et Attilam, Hunnorum regem, à finibus Imperii arcere conarentur. Idem Ferreolus, à Provincia decedens, cum per quatuor annos Rempublicam administravisset, in villam cui Prusianum erat nomen, se recepit. Dicitur tamen, extrema aetate, ut Wisegothorum ditioni subtraheretur, Trevidon (1) petiisse, à Voroango tantùm « *nimboso jugo montis Cebennæ* » (2) separatum. Quidquid id est, è placido villæ secessu, semel motus, Romam se contulit, ut Galliarum Provinciam, adversùs Præfectorium Arvandum defenderet. Eumdem à Sidonio accepimus, non adhùc, è medio, anno 480, sublatum fuisse. Praetereà doctissimus ille scriptor Gallicus Tillemontus, in historia Ecclesiastica, T. Ferreolum affirmat, quinque et viginti annis privatum vixisse : undè satis verisimile est, hunc, ultrà annum 478, aetatem provexisse, filios post se relinquentem, quorum alterum Tonantium nomine, patris memor Sidonius, pari amicitia prosecutus est.

---

(1) Menardus. — Historia Nemausi — Trevidon Burgundionum fuisse ex illa conjectura apparet.

(2) S. Apollinaris carmina 24. — Propempticon ad libellum.

CAPUT 2.

De T. Ferreoli rebus gestis in Præfectura Provinciæ Galliæ.

Vix triginta annos natum Galliæ præfuisse Ferreolum intelligitur ex epistola Sidonii ubi Provinciam hanc ab amico jàm administratam antè Attilæ cladem ostendit. (1) Nos autem, priùsquàm egregia Ferreoli facinora in *Præfectura* exponamus, intueri decet, quod *Præfectorum Prætorio* munus esset, qua armati auctoritate ii in Provincia sua pollerent.

Illa enim dignitas, ab Augusto creata, duos primùm præcipuos duces ornavit qui Prætorianis cohortibus imperabant; unius posteà, jubente Tiberio, idem officium fuit; quod deniquè, vice fortunarum humanarum, non modò specie, sed re mutatum, et ex militari civile factum, (cùm Constantinus principatum teneret), quatuor Præfecti • per Præfecturas Italiæ, Illyrici, Orientis et Galliarum • impleverunt. Illi autem, antè omnia, judices sedebant, eas

---

(1) S. Apollinaris. L. 7. Ep. 12.

rursùs et penitùs sententias examinaturi, quæ à Præside vel à quolibet alio judice jàm dictæ infirmari deposcebaut..... ità « ut si uterius (?) negotii usquequaque decur- « sis, ex evidenti clarescerct sententiam à jure justitia que « discessisse, ea penitus explosa, controversia de aequitate « terminum caperet. » (1)

Tanto munere nullum sanè nobilius fuit, quo, Præfecti, aequitate sua, gravissimas causas jàm disceptatas ultimùm judicaturi, Principis potentiam aequabant, et velut divinæ majestatis imperium ad mentem revocabant. Iidem tamen, antè Constantini felicem adventum, Praetorianis carissimi, non semel mala spe, metu, odio impulsi, ipsi aut Imperium sibi vi adepti erant, aut, mutatis rebus, Imperatorem novum salutaverant ! Utinàm Roma, hoc tàm turbido tempore, Ferreolo pares tantùm Præfectos elegisset ! Quo vero statu ea Provincia esset cui ille præponebatur, aut potiùs quid, in Galliis, tantì Imperii videretur reliquum, nunc perpendamus.

---

(1) Cod. Theod. de officio Præfectorum Prætorio. — Hæc in eodem codice de eadem re legimus : « Quod si consentanea sit legibus jàm prompta sententia, ejus pronuntiationis improbus oppugnator, si patrimonio circumfluat, biennio in insulam relegatione plectatur ; ejus que bonorum media portio fiscalibus compendiis addicta cedat. Quod si agrestis vitæ sit aut etiàm egentis, ad biennium tempus in metallum detrudendus est. Quam legem in annotationibus quoquè nostris de iterando post sententiam judicio custodire debebis. » Datum XIII. Kal. Nov. Bassio et Ablavio consulibus.

Ità patebit, quomodò ille vir, inter tot pericula destitutus, prudenti magis consilio quàm arte militari quæque obstarent paci firmandæ, barbaris procul repellendis amoverit et Imperium illud Romanum, in immensum spatium olim terra mari que extensum, majorem etiàm Britannorum insulæ partem amplexum, sensim minutum et quasi spiritum extremum trahens, virtutis et ingenii lumine (quantùm ad Galliam) ab imminente exitio tutum fecerit. Quae Provincia vocabatur Gallia, tùnc Arvernos continebat et quod supererat ex illa antiqua Provincia Romana, excepto tamen Viennensi agro, quem Burgundiones sub ditionem suam, anno 432, redegerant. Hujus autem Galliae praecipua sedes, Arelate ponebatur, ex quo tempore Augustam Trevirorum (1) barbari, anno 412, invaserant. Arelatenses (2) verò, intrà mœnia sua, Cons-

(1) Salvianus, summa indignatione motus, Treverorum *corruptos* mores, imminente *tamen* urbis exitio, ità depingit : « Vidi siquidem ego ipse Treveros domi nobiles, dignitate sublimes, licet jàm spoliatos atque vastatos, minùs tamen eversos rebus fuisse quàm moribus, ... adeò graviores in semet hostes externis hostibus erant, ut licet à barbaris jàm eversi essent, à se tamen magis everterentur. » Salvianus Cap. 6. § 13.

« Lugubre est referre quæ vidimus, decrepitos Christianos, imminente jàm admodùm excidio civitatis, gulæ ac lasciviæ servientes Id.

(2) Arelate, sub Honorio, Præfectus Prætorio sedebat, cujus anteà sedes Trevirorum Augustæ ponebatur. — V. Bœk. Notitia dignitatum. P. 162.

De Arelate hæc apud Peutingerum, in *Tabula*, legimus :

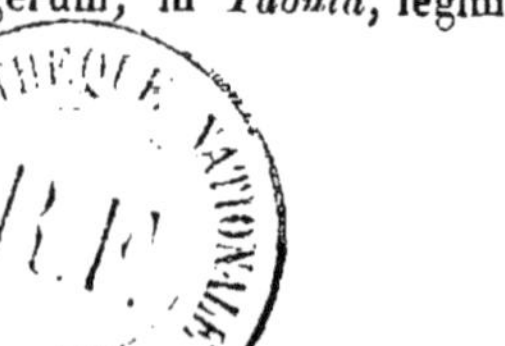

tantinum jam à militibus suis Imperatoris nomine salutatum et regali pompa circumdatum viderant, imò, paucis elapsis annis, concilium Episcoporum provocantem ut Christi religionem publica auctoritate armatam, haeretica tamen labe obscuratam fœdatam que, in antiquum decus restitueret. Nec modò ex tanto concilio et Imperatore suam gloriam Urbs illa (qua vulgi ipsius mos erat, eadem facilitate, Graeco aut Latino sermone loqui) capiebat. Hìc enim quaeque optimæ artes, ità summa cura exercebantur, ut pristini decoris nunc etiàm memoria vigeat et monumenta quaedam (ea præcipuè quae ad formas et figuras fingendas aut exstruendas ædes pertinent) integra maneant. Hæc inter mirantur illam amborum virorum

---

« Arelas, Salyum colonia, Julia paterna Arelatensium sextanorum, « in illo trivio sita erat, undè Ugernum, Nemausum, Massiliam, Ave « nionem, Narbonem, et Cabellionem diversis petebant viis. Hæc « Arelatensis civitas quam « Matrem omnium Galliarum, » P. Orosius « nominat, ità Ausonii Carminibus descripta laudatur :

« Pande, duplex Arelate tuos, blanda hospita, portus
« Gallula Roma Arelas, quam Narbo Martius et quam
« Accolit Alpinis opulenta Vienna colonis,
« Præcipitis Rhodani sic intercisa fluentis
« Ut mediam facias navali ponte plateam,
« Per quem Romani commercia suscipis orbis. »

Aus. clar. Urb. VIII.

De eadem urbe Festus Avienus dixit :

« Arelatus illic civitas adtollitur
« Theline vocata sub priore sæculo,
« Græco incolente. »

Oræ maritimæ. V. 680.

Arelatis deniquè Hirtius primam mentionem fecit : « Bello civili » — Peutingeri Tabula. 48-49 p.

imaginem, qui, poplitibus flexis, antè Christi ora, vultu demisso, ad mentem, ipsum magnum cognomine, Constantinum revocant, cujus ad rem publicam accedentis, Arelatc primùm fuerant impressa vestigia : ut pote qui, (non aliter ac dicti suprà viri, ficti marmore) *cruce in signis inscripta*, victorem se, Christo Imperante, genua antè Deum flexisse, post tot duces falsis Deis devotos et Christianorum vexatores, professus fuerit. Attamen hæc et Contantini fama et majestatis Romanæ in Galliis sede præcipua, adeò illustris civitas ut principem locum unà cùm Ravenna et Roma in occidua Imperii parte teneret, jam antè T. Ferreoli Præfecturam, Astaulphi barbari regis sub ditionem, brevi quidem tempore, redacta fuerat. Istum enim Wisegothorum ducem, qui, Placidiam sororem Honorii, uxorem duxerat, falso nomine concedendæ gratiæ, sed reipsa in necessitatem adductus suí à fero hospite et instante periculo liberandi, imbecillis Imperator, Galliis administrandis, summa cum potestate præfecerat. Astàulpho autem mortuo, cum Hispaniam esset invasurus, anno 415, Galliæ contigit, jàm recuperata libertate, post quinque et triginta annos, T. Ferreolum tandem præfectum habere ! Nulla quidem ætas magis talem virum ad imminentem procellam repellendam poscebat. Attila enim, rex terribilis visu Hunnorum, dux ferus innumerabilium barbarorum, qui se Dei flagellum esse dictitabat, atque à mari Caspio usquè ad Rhenum omnia ditione sua premebat, illud flumen transgressus, « Tongros (1), Treviros et Rhemos occupaverat, Metas etiàm,

---

(1) Lacarius. — Ferreolus. p. 3,

« Antissiodorum, tùm ad Aureliam duxerat exercitum. Hanc « enim urbem Sangibanus, rex Alamanorum, quos Aëtius. « anteà ad Ligerim collocaverat, se illi traditurum spopon- « derat. » Urbe autem expugnata, omnis Gallia, à Rheno ad Pyronæos montes mox hostium multitudine obruenda erat. Deus tùnc majoribus nostris succurrit et Ferreoli in animum, quid in extremo periculo, adversùs barbaros esset tentandum, immisit : qui quidem Aëtio Romani equitatus duci persuasit, ut fœderatos Meroveum Francorum et Theodoricum regem Gothorum, Burgundiones que, una acie, saluti publicæ jungeret. Res verò benè successit, prælio que ingenti fusus Attila, terga vertit et fuga christi fidem servavit. Illius tantæ barbarorum cladis, (qua, tota Gallia, à novis incursibus Hunnorum tuta, Chlodoveus, Francorum dux, munere divino mox christianus, regni sui fundamenta jecit), non armis sanè, consilio tamen haud imperitus auctor T. Ferreolus dici potest. Cæterum, in Epistola quadam Sidonius amici sui res præclarè gestas enumerat et talia, ad finem, (1) addit : « Prætermisit (stylus noster) Gallias tibi administra- « tas, tunc cum maxime incolumes erant. Prætermisit « Attilam Rheni hostem, Thorismodum Rhodani hospi- « tem, Aëtium Ligeris liberatorem sola te dispositionum « salubritate tolerasse, propterque prudentiam tantam « providentiamque, currum tuum Provinciales cum « plausuum maximo accentu spontaneis subisse cervi- « cibus, quia sic habenas Galliarum moderarere, ut

(1) Ep. 12. L. 7.

« possessor exhaustus tributario jugo relevaretur. »

Tanta laude nulla fermè major videtur quæ unum et eumdem virum, hìc *prudentia* et *providentia*, hìc *humanitate*, bello et pace æquè bonum, quamvis scientiæ militaris imperitum ostendat, ad id præcipuè intentum, in gerendis rebus publicis, ut possessorem exhaustum jugo tributario relevet : quo adeò gràvabatur Provincia, jàm omni malorum genere, incendio, cæde ad desperationem adducta, ut dubitares, barbari nè suo numero et sævo impetu, an Romani insatiabili ærario et avaritia magis oneri miserrimis Gallis fuerint !

Hìc tamen nobis confitendum est, Imperatores ad istum rerum statum in meliùs mutandum, admovere remedium tentavisse. Illi enim *Consilia Provincialia* instituerunt, et Provincialium virtute, ingenio, divitiis notissimos elegerunt, quos (1) *emeritos honor* et *Primatum* (2) insignia à Plebe secernerent. Hi de rebus publicis consulturi, singulis annis, die dicta, in urbem quamdam Provinciæ suæ, eamdem opulentissimam, cogebantur, jàm que, peracta re, discessuri, *Delectos* ad Imperatorem mittebant viros, qui Provincialium querelas traderent, eorum que commodis servirent. Illa consilia, posteà, Arelatensem in civitatem convocata, *edicto* (3) *quodam* Honorius firmare

(1) « Quos *emeritos* honor à plebe secernat » cod. Theod. XII (12-17)

(2) « Qui primatum honoratur insignibus » cod. Theod. (1-12)

(3). Quod edictum à Wisegothis ipsis servatum Faurielus dicit :

expertus est. Quàm verò « plebis defensorum » (1) irriti fuerint conatus, et repellendis barbaris et exactionibus præsertim *reprimendis*, ex his sacerdotis Salviani verbis liquet :

« Sed (2) quid possunt aliud velle miseri qui assi-
« duum, imò continuum exactionis publicæ patiuntur ex-
« cidium, quibus imminet semper gravis et indefessa
« proscriptio, qui domos suas deserunt, nè in ipsis domi-
« bus torqueantur, exilia petunt, nè supplicia susti-
« neant..... Et quidem hoc ipsum, quamvis durum et
« inhumanum, minùs tamen grave atque acerbum erat,
« si omnes æqualiter atque in commune tolerarent. Il-
« lud indignius ac pœnalius quod omnium onus non om-
« nes sustinent, imò quod pauperculos homines tributa
« divitum premunt, et infirmiores ferunt sarcinas for-
« tiorum...... Veniunt plerùmque novi *nuntii*, novi
« Epistolarii à summis Sublimitatibus missi, qui commen-
« dantur Illustribus paucis ad exitia plurimorum. Decer-
« nuntur his nova munera..... Decernunt potentes quod
« solvant pauperes, decernit gratia divitum, quod pen-
« dat turba miserorum..... O facinus indignum ! Duo
« aut tres statuunt quod multos necet, à paucis potenti-
« bus decernitur quod à multis miseris dependatur. In-

» fœdus fuisse quo unà Galliæ Meridianæ septem Provinciæ junge-
« rentur. » (Historia Galliæ Meridianæ. — T. 1. p. 148.)

(1) Cod. Theod.

(2) Salvianus. De Gub. Dei. Cap. V. § 7.

« felicissimi pauperes sic sunt quasi inter concertantes « procellas in medio mari positi !..... »

Quòd si, in tantis malis, Galli aliquo solatio interdùm frui potuerunt, illud sanè divino ex fonte hauserunt. Provincialia enim *Concilia*, Episcoporum prudentibus decretis fuerunt instituta, quæ *Provincialia Consilia* imitando, sed vi sublimi donata, unà Christi doctrinam in Galliis firmarent, et populi calamitatibus medicinam adhiberent; adeò his obsistere hominum jàm non opus videbatur ! imò omnis humani cultus et legum omnium ultima vestigia mox delenda fuissent, nisi Dei ministri, salutem, in præsens Provincialibus, et in futurum tempus, posteris, quæcumque possent è naufragio servando, afferre tentavissent ! Multa igitur *Concilia*, (1) quinto sæculo, in Galliis, quod ad vitam hanc et aeternam pertinet vitam, plebi, antè omnia, succurrerunt. Episcopi ipsi, tunc à populo electi, in tanta necessitate, civitatum facti principes, et belli duces, eas adversùs barbaros defenderunt ; cujus rei sit documento S. Apollinaris qui, à Nemossi mœnibus Gothos, frustrà quidem sed fortiter armis repellere conatus est. Illius autem amicus Ferreolus, jàm exhausti possessoris jugo tributario patronus, qua arte Thorismundum, Gothorum regem amoverit, Arelata obsidentem, expromamus : « Præternisit (2) (stylus noster,) inquit

(1) « Quadraginta circiter concilia Provincialia, quinto sæculo convocata fuerunt».

Lavironus sacerdos. — De Christi religione, operibus suis probata. 1857.

(2) S. Apollinaris Ep. 12. L. 7.

« Sidonius, regem Gothiæ ferocissimum, inflexum affatu « tuo melleo, gravi, arguto, inusitato, et ab Arelatensium « portis quem Aetius non potuisset prælio, te prandio « removisse. »

Quamvis puerili dicto laudem concludat Sidonius, *prandio prælium* comparando, re tamen Provinciales unà ab Hunnorum Gothorum que sævitia et Romanaurum cupidate servatos, Ferreoli gratia, in Epistolà sua ostendit! ejusdem sola dispositionum salubritate toleratum Rheni hostem, Attilam! Quod armis, talia narrando, detrahit S. Apollinaris, togæ concedere videtur, et jure, victoriæ partem amico vindicat; neque tamen tanto præmio, Gallorum gratos aequat animos, qui spontaneum Præfecto suo jàm decreverant triumphum!

Quidam, ex ipso Sidonio, (1) Ferreolum putaverunt, post Præfecturam, sacerdotem et Christi Episcopum factum fuisse. Falsa verò eos opinio tenet, cùm amicus amicum, ob administratam feliciter Provinciam, nescio qua amabili et saucta sentiendi ratione, pontificibus profectò admisceat, non autem Pontificum in numero habeat. Ceterùm scriptor, nomine Lacarius, qui Ferreoli vitam in lucem edidit, rem ità judicat : (2) « Ferreolus fuisse Arelatensium Episcopum Savaro est auctor in notis ad epistolam 12. Sidonii libri 7. Ferreolo missam, « in qua Sidonius ad illum ità scribit : « Hæc omnia « prætermisit sperans congruentiùs tuum salve, Pontificum

(1) S. Appolinaris. — Ep. 12. — L. 7.

(2) Lacarius. — Ferreolus. P. 6.

« quàm Senatorum jàm nominibus adjungi : censuit que
« justius fieri, si inter Præfectos Christi, quàm si inter
« Præfectos Valentiniani constituerere ; neque te sacer-
« dotibus potiùs admixtum vitio vertat malignus inter-
« pres » Sed pernegat Sirmondus ad eamdem epistolam,
« cùm Leontio Arelatensi Episcopo, qui hoc tempore se-
« debat, successerit in ea cathedra Æonius et Æonio Cæsa-
« rius ad annum usque 543. Quare salve Pontificum scrip-
« sit Sidonius, quia Ferreolum Episcopis admiscebat,
« cùm epistolam ad ipsum missam iis insereret, quas
« hoc libro, omnes ad Episcopos scriptas, collegerat.
« Quod certè legenti initium epistolæ facilè innotescit. »

Jàm veró mihi de T. Ferreoli Pœrfectura in Galliis caput terminaturo, extremum hoc examinandum sese offert : « fuerit nè Ferreolus alter, Galliæ Præfectus, ut « nonnulli crediderunt. » Cui rei planè dijudicandæ idem Lacarius satisfaciet : « (1) Occasionem, inquit, « errandi dedit Boucheto fortè Savaro, in notis ad Episto- « lam 7. Libri I, ubi existimat Tonantium Ferreolum « Præfectorium, qui mihi memoratur, fuisse filium Fer- « reoli Præfecti et Rectoris Galliarum, cujus facit men- « tionem Sidonius in Propemptico; quod refellit ad eamdem « epistolam Sirmondus Savarone in scribendo cautior et « exactior ; quare negat Sirmondus duos fuisse Ferreolos « Præfectos Prætorio Galliarum, asserit que Tonantium « Ferreolum patrem, proprio nomine appellatum esse Fer-

(1) Lacarius. Ferreolus P. 7.

reolum et praenomine Tonantium, ejus verò filium, proprio et ultimo nomine dictum esse Tonantium et non Ferreolum, quod etiàm abundè confirmat Sirmondus in Præfatione ad Sidonium, erudita illa lucubratione quam edidit, de propriis nominibus mediæ ætatis, quæ latuit Savaronem antè scribentem. Ex his facilè intelligitur apud Sidonium nomine Ferreoli venire semper Ferreolum, Tonantii patrem, nomine autem Tonantii, Ferreoli filium. Hic, apud Sidonium, nunquàm Præfectus aut Præfectorius appellatur, Ferreolus verò pater, ter aut quater. Accedit quòd Præfectura Præfectoriana Ferreoli, anno 400, in Tabula illa genealogica annotata, non convenit cum codice Theodosiano, ubi legitur, lege X : Vincentius Præfectus Prætorio Galliarum, Stilicone et Aureliano coss, Christi anno, 400. »

Igitur solus ex gente sua, Ferreolus Præfecturam Galliae occupavit. Hæc anteà, jàm ab Astaulpho subacta, ex quo tempore Tonantius in otium secessit, quindecim circiter annis elapsis, Gothorum regis in protestatem venit : qui quidem, Evarix nomine, natura crudelis, vi erroris Ariani quo inficiebatur, ad id dementiæ tandem pervenit, ut de illo Sidonius dixerit : « Tantùm ori, tan« tum pectori suo Catholici mentio nominis acet, ut am« bigas ampliùs nè suæ gentis an suæ sectæ teneat principatum. » (1)

(1) S. Apollinaris Ep. L. 7 Ep. 6.

Ferreolus autem, antè hujus saevi principis adventum, quam à barbaris Præfectus servaverat, eamdem Provinciam, privatus vir, sed rerum publicarum semper curiosus, velut è specula villæ suæ prospiciens nè quid mali caperent grati Provinciales, ipse accepti beneficii non immemor, ab Arvando proditore, eodem successore suo defendit.

CAPUT III.

Quomodo Romam missus fuerit T. Ferreolus, Galliæ provinciæ publico nomine, Præfectorium Arvandum accusaturus.

Istius generis vir Arvandus erat qui vitiorum suorum deformitate, magis in lucem T. Ferreoli virtutes proferret et absentis desiderium augeret. Reum autem majestatis et amicum suum ità Sidonius Arvandum eumdem depingit :

« Præfecturam primam gubernavit cùm maximà *popu-* « *laritate*, consequentem que cùm maximà *populatione*. « Pariter onere depressus æris alieni, metu creditorum « successuros sibi optimates aemulabatur. Omnium colla- « quia ridere, consilia rimari, officia contemnere, pati « de occurentium raritate suspicionem, de assiduitate « fastidium, donec odii publici mole vallatus et priùs « cinctus custodia, quàm potestate discinctus, captus « destinatusque pervenit Romam. » Nunc verò res ipsa, quæ Arvandum fecerat *reum*, dicenda est. Is non modò prædator, sed etiàm proditor, odium in se omnium conflaverat, usquè eò Superbia amens ut Provinciam illam quam ab omni periculo tutandam acceperat, barbaris tradere *in animo* habuisset. Epistolam enim scribæ dictaverat, quæ, intercepta ad regem Gothorum emitti videbatur, « pacem (1) cùm Græco Imperatore dis-« suadens, Britannos super Ligerim sitos impugnari opor-« tere demonstrans, cùm Burgundionibus jure gentium « Gallias dividi debere confirmans, et in hunc fermè mo-« dum plurima insana quæ iram regi feroci, placido vere-« cundiam inferrent Hanc Epistolam læsæ majestatis cri-« mine ardenter jurisconsulti interpretabantur. » Arvando autem contigit admonito à quibusdam amicis, imminens exitium propulsare posse. Quos inter S. Apollinaris et Auxianus nihil tale intuenti totam *perimachiam* detulerunt, « quam summo artificio acres et flammei viri occulere « meditabantur. » Hæc tamen et talia prudentium amicorum verba incautam rei arrogantiam nullo modo minuerunt; qui ad extremum, « suadentibus nil quasi « leve fatendum, si quid ab inimicis etiàm pro levissimo « flagitaretur » maledixit, atque in convicia subita prorumpens : « abite degeneres, inquit, et præfectoriis pa-« tribus indigni, cum hac superforanea trepidatione ..... « satis Arvando sufficit conscientia sua ; vix illud digna-« bor admittere ut advocati mihi in actionibus repe-« tundarum patrocinentur. »

Hæc omnia nonnè Romæ declivem aetatem, nihil fermè nisi superbiam de sua antiqua gloria retinentis denun-

(1) Sid. Apollinaris. Ep. 7. L. 1.

tiant ? quò magis, in tali casu, Ferreoli virtus enitet, qui jàm de Gallis, ob tantas res gestas benè meritus, licet in obscuro otio lateret, tamen inter omnes dignus visus est qui *prævium* Arvandum accusaret et oppressam Provinciam ulcisceretur ; ut posteà, quatuor et triginta annis elapsis, illustris ille Viennensis Episcopus, Alcimus Avitus, cùm Sidonio et ejus filio Apollinari, sanguinis fœdere conjunctus, ab iisdem Gallis electus fuit, qui veritatis, Epistola nobili, et religionis jura oppressa, Romæ defenderet.

Præterea, ex illa Arvando intentata actione, quod tùnc supererat (*quamvis* Imperium in omnia vitia rueret) de priscis moribus apparet, nescio quo scenico et quasi Romano habitu, etiàm in Ferreolo, mixtum ; aut potiùs Arvando ejus que adversario jure decertantibus, Urbis Romæ utraque ætas antè oculos obversatur Alter enim, Galliæ patronus, gravi cultu, justitia, veterum mores, alter verò Fonteium, Verrem, Vatinium, Appium Claudium, isto non minùs rapacem et impudentem socerum Brutum, Bruti nomine indignum, tot deniquè alios qui in Provincia latrocinium exercebant, non patrocinium, ad memoriam revocat ! Quod Sidonius eadem Epistola confirmat : « (1) Inter hæc reus noster aream Capitolinam « percurrere albatus ; modò suddolis salutationibus pasci, « modò crepantes adulationum bullas, ut recognoscens,

(1) Sid. Ap. Ep. — L. 1. — Ep. 7.

« libenter audire!.. et, inter agendum, multùm de legibus,
« de temporibus, de senatu, de principe queri...
« Pauci medii dies; it in tractorium frequens senatus;..
« Procedit noster ad curiam paulò antè detonsus pumi-
« catusque, cum accusatores semipullati atque concreti
« nuntios à decemviris operirentur, et ab industria
« squalidi præripuissent reo debitam miserationem
« sub invidia sordidatorum. Citati intromittuntur;
« partes, ut moris est, è regione consistunt. Offertur
« præfectoriis, antè propositionis exordium, jus se-
« dendi. Arvandus jàm tunc infelici impudentia, concito
« gressu, mediis propè judicum sinibus ingeritur. Ferreo-
« lus, circumsistentibus latera collegis, verecundè ac leni-
« ter in imo subselliorum capite consedit, ità ut non minùs
« legatum se quàm senatorem reminisceretur, plus ob
« hoc posteà laudatus, honoratusque. Dùm hæc, et qui
« procerum defuerant, affuerunt, consurgunt partes.
« legatique proponunt. Epistola, post provinciale manda-
« tum, cujus suprà mentio facta est, profertur; atque,
« cum sensim recitaretur, Arvandus necdum interrogatus
« se dictasse proclamat. Respondere legati, quanquàm
« valdè nequiter constaret, quod ipse dictasset. At ubi
« se furens ille, quantùmque caderet ignarus, bis terque
« repetita confessione transfodit, acclamatur ab accusato-
« ribus, conclamatur à judicibus reum læsæ majestatis
« confitentem teneri. Ad hoc et millibus formularum ju-
« ris id sancientûm jugulabatur. » Addit Sidonius:
« Confestim Arvandum privilegiis geminæ præfecturæ,
« quam per quinquennium repetitis fascibus rexerat,
« exauguratum, et plebeiæ familiæ, non ut additum sed

« ut redditum, publico carceri adjudicatum esse » dein »
« Capite mulctatum, et in insulam conjectum serpentis
» Epidauri »

Optimo quidem jure, in tanta Imperii et omnis aequitatis ruina, Galli Ferreolo fuerunt ulciscendi ! Qui justun se præbuerat, ejus demùm pro justitia loqui erat..... sed frustrà Urbis decus, si non ipsam Provinciam servare posset, ille retinere tentavit : Romæ enim gloriam Romani, è viris Græculi, è civibus latrones facti, omni ope fœdabant et fœdaverant. Jam dudùm pristinæ innocentiæ tanta civitas immemor, bellandi perfida ratione et Punica fide, aucta sanè magno populorum numero, sed avaritia auctior, ad vim adhibendam et divitias congerendas, magis et magis propensam, in administrandis Provinciis, sese ostendebat, exstincto que omninò Catonum et Brutorum forti genere, hoc infestissimum et avidissimum genus hominum pepererat, quibus Imperium Romanum nihil aliud nisi immensum quod expilarent ærarium esse videbatur. (1)

Quem rerum statum, mutato Imperio, Christi tantùm discipuli mutare poterant ; ex iis autem unus Ferreolus fuit, modestus venturi temporis præuntius, quamvis

(1) « Adeuntur etiam loca abdita, lustrantur invii saltus, et ut devorari possint à feris viscera hominum, non licet naturam rerum aliquid habere secretum. » (De gub. Dei. Cap. 6. §. 2.)

virtute antiqua civis Romanus, re tamen, oppressorum Romæ nomine, Provincialium patronus et ultor, quos omni tributorum genere vexatos, Urbs omnium olim maxima, tunc muneri suo impar, non satis valebat ut à barbarorum et proconsulum impetu defenderet, adeò debilis et impotens ut Gallis, in Gothorum aut Burgundionum potestatem venire, quàm in Romanorum amicitia aut societate perserverare meliùs esset. Quod ad Burgundiones attinet, eventus rem probavit. Illi enim non adeò immites barbari, nulla ferè vi admota, paulatim, non procul à civitate Arelatensi, propagatis finibus, regionem (inter Rhenum flumen et Jurenses montes satis arctam,) ab urbe Vesontione in longitudinem usquè ad littus Mediterraneum patentem occupaverànt, instaurato que novo regno, Arianorum Hæresim, Gallis fœdere sanguinis et religionis sensim juncti mixti que,deseruerant. Licet Gothorum alienam terram occupandi eadem ratio non fuerit et sævissimos non semel se præbuerint, nedùm (ut Burgundiones,) *Læti*, aut *stipendium* facientes dici potuerint, at dulci eloquio interdum, (quod ex Ferreoli exemplo est manifestum) vinciebantur ; qui magis apti defendendæ Galliæ quàm ipsi Gallorum defensores, certè Provinciales intolerabili vectigalium jugo liberaverunt ! (1)

Ferreolus autem, ut omnia paucis contraham, id

(1) Leniores his *hostes* quam exactores sunt. Et res ipsa hoc indicat. Ad hostes fugiunt, ut onus exactionis evadant. Salvianus.(De Gub. Dei. Cap 5. §. 7.

unum, decus Romæ pollutum, in Arvandi re capitali, ulcisci voluit. Hic igitur haud mediocrii laude dignus putetur, qui, servata primùm ab Hunnorum torrenti flumine Gallia, dein Arelatensi urbe, inusitata deniquè prudentia, quamvis litteris redditus, proditorem Arvandum detexerit, illos veteres Romanos simplici habitu et justitiæ tenaci amore commendabiles à mortuis revocaverit, inhonesto que consilio aperto, tot alia multorum inhonesta consilia, aut admissa scelera reprehenderit, Galliæ et communi utilitati intentus, verè civis Romanus, imò Christianus !

CAPUT IV.

T. Ferreoli Litterarum studiosissimi, quæ fuerit Prusiani vita?

Ferreoli nunc vitam privatam adire est, quæ, ab anno 454 agi cœpta, Arvandi solum judicio interrupta, tamdiù, pro tali viro, provecta, nos hortatur ut hujus maturi secessus causam investigemus. Illum jàm certum videtur, ex suprà dictis, conciliandis sibi barbarorum mentibus potiùs idoneum quàm debellandis hostibus, nobilem in Galliis oratorem exstitisse; quæ quidem ars loquendi, aptum litteris ingenium denuntiabat, eo magis, ista ætate, præcipuè cuique optimo civi colendis, quòd in tali studio, procul à barbarorum et ruentis Imperii tumultu, inter amica villarum silentia, aliquid solatii, aut etiàm malorum oblivio reperiebatur. Insuper Gothis non eamdem quàm Burgundionibus hospitibus et colonis, viam fuisse qua aliena terra potirentur et victum quærerent, jàm animadvertimus. Quibus Gothis adversari debuit Ferreolus, cædem, incendia serentibus, ea quæ Romanis superant, assiduo impetu vastantibus. Quòd si tanto civi contigit, ab Arelatensi urbe Thorismundum semel amovere, multùm aberat ut Theodoricum, ejus successorem, qui utramque Aquitaniam vi occupavit, iisdem artibus capere et quasi in ditionem redigere posset. Ceterùm autem, omni Urbis præsidio hic destituebatur, quæ, Romana virtute, infinitam Hunnorum multitudinem, longè à Gallia cùm repulisset, ad alias Imperii labantis partes fulciendas conversa, modò barbaros, qui alios adversùs barbaros ei auxiliati erant, latè agros populari passa est, modò feris ducibus victricia arma gerentibus, mercedis specie emeritis stipendiis concedendæ, vanos imposuit titulos, unà que fasces et purpuram ludibrio dedit. Igitur hujus rerum status minimè ignarus Ferreolus, omni spe sublata et ope, Prusiani in otium secessit.

Nec sibi tamen unicè deditus, ille inerti in solitudine mansit. At litterarum quibus eruditus fuerat, et pristinæ vitæ consuetudinis non immemor, in aliis studiorum ignem excitandi impatiens, villam suam cuique arti bonæ devovit, ad quam *sapientiæ veluti sedem et umbilicum* doctissimi properarent, dolorem suum, litteris abditi, temperarent, in illo nobilissimo loco, nescio quam Romæ et veterum morum, veteribus libris repetitis, imaginem reperirent: Quod solatii genus tot malis tolerandis non satis fuisset, nisi Christi doctrina omninò imbuti Ferreoli hospites, recentiorum scriptorum sanctissimis operibus intenti, è mediis tenebris quas effrenata morum libido, (1) barbarorum vis cæca et Arii pessimus error

---

(1) « Et quæ esse, rogo, Romano statu spes esse potest, quandò

conflaverant, jàm orientem quamdam lucem, divinam sanè, longè prospexissent et virtutem suam, in præsenti, futuræ ætatis spe firmavissent. Inter eos qui, ingenio, scientia, genere illud omnis laudatæ doctrinæ receptaculum adibant, Sidonius eminebat, ejus que amicus Constantius (1) sacerdos ; qui litteris S. Apollinaris, ultimam manum imponere frustrà jussus est, atque ex urbe Lugduno Nemossum missus, pacem inter discordes animos restituit, dùm Ecdicius, dux belli peritus, illustri Episcopo auxiliabatur, Urbis obsessi à mœnibus Gothos amoturus. Sidonius autem, in egregia Epistola, Prusianum atque ibi acceptum hospitium descripsit ; imò litteratorum novum hoc et insigne genus oculis obtulit, qui, Romani inter barbaros, inter corruptos (2) integri, et verè Christiani inter Arianos, omninò opposita ingenia mirabili quadam et concordi diversitate in se jungere visi sunt ; ità sanè à Deo informati ut novum sæculorum or-

---

« castiores ac puriores barbari quàm Romani sunt! Parùm est quod
« dicimus. Quæ nobis, rogo, antè Deum aut vitæ esse aut veniæ spes
« potest, quandò in barbaris castitatem cernimus, et nec sic casti su-
« mus ? Erubescamus, quæso, et confundamur ! ut rem dicamus
« novam, rem incredibilem, rem penè etiàm inauditam : « Castos
« etiàm Romanos fecerunt. »

Salvianus. De gub. Dei. Cap. 7. — § 23

(1) « Auctor vitæ S. Germani, Antissiodori nati.

(2) Non vitiosi esse non possumus nisi ut omninò non simus.

Salvianus. De gub. Dei. Cap 6. §. 18.

dinem aperirent et Galliam, à triplici servitio posteris liberandam pararent ! Sidonium verò jàm ipsum loqui decet Id agitur, quas reditus tardioris causas Donidio suo Sidonius reddere possit : (1) « Inter agros amœnissimos, inquit, apud humanissimos dominos, Ferreolum et Apollinarem, tempus voluptuosissimum exegi. « Prædiorum iis jura contermina, domicilia vicina, quibus interjecta gestatio lassat peditem, nec sufficit equitaturo. Colles ædibus superiores exercentur vinitori et olivitori. Aracynthum et Nysam, celebrata poetarum carminibus juga, censeas. Uni domui in plana patentiaque, alteri in nemora prospectus, sed nihilominùs dissimilis situs similiter oblectat. »

Hìc, Prusiani quæ fuerit positio, certa ratione monstrare non inutile est, quam ex ipsa Sidonii Epistola diversi scriptores (2) rectè depingere tentaverunt, eodem ferè modo rem explicandi de loco consentientes : quidam enim collis Alesiæ proximus, cui Bresis *nomen* est (non adeò Prusiani *nominis* dissimile) Sidonii que descriptioni satis conveniens, iis videtur *vinitori* et *olivitori* nunc adhùc *exercitus*, apud *Vuordum* fluvium, inter agros *amæ-*

---

(1) Sid. Ap. Ep : L. 2. Ep. 9.

(2) Mandajorsus: « Memoria Academiæ Inscriptionum et Litterarum. T. 3. p. 182. Anno 1724. —Teissierus : « Memoria de Origine regiæ domus Galliæ — Alesiæ — anno 1818.

nissimos, in via quæ ab urbe Nemauso, Nemetum, caput Arvernorum ducit, *æde* superior fuisse, in qua Ferreolus post Præfecturam suam habitabat. Insuper *juga illa excelsa*, quæ *poetarum carminibus* celebrari possent, ille modò in *plana patentia* que, modò *in nemora prospectus*, ad memoriam omninò hanc Arvernorum revocant partem, ubi Alesia, Urbs antiquissima, in planitie vasta posita jacet. Voroangi autem, vicinæ Prusiani villæ eumdem fuisse situm aut circiter constat. Cujus mentionem tantùm facimus, cum eadem de utraque villa, utriusque unà hospes Sidonius, in Epistola sua, senserit et dixerit.

Ità verò ille ad reliqua pergit : « Jàm primùm sagacissimis in hoc exploratoribus destinatis, qui reditus nostri iter aucuparentur, domus utraque non solùm tramites aggerum publicorum, verùm etiàm calles compendiis tortuosos atque pastoria diverticula insedit, nè quo casu dispositis officiorum insidiis elaberemur. Quas incidimus, fateor, sed minimè inviti, jusquejurandum confestim præbere compulsi, nè priusquàm septem dies evolverentur, quidquam de itineris nostri continuatione meditaremur. Igitur mane quotidiano, partibus super hospite prima et grata contentio, quænam potissimùm anteriùs edulibus nostris culina fumaret ; nec sanè poterat ex æquo divisioni lancem ponere vicissitudo, licet uni domui mecum, alteri cum meis vinculum foret propinquitatis, quia Ferreolo præfectorio viro præter necessitudinem sibi debitam, dabat ætas et dignitas primi invitatoris prærogativam. Ilicet à deliciis in delicias rapiebamur. Vix quodcunque vestibulem intratum et ecce hùc sphæristarum contrà

« stantium paria inter rotatiles catastropharum gyros « duplicabantur, hùc inter aleatoriarum vocum compe- « titiones, frequens crepitantium fritillorum tesserarum- « que strepitus audiebatur. »

Hæc singula antè oculos (licet ad ea quæ quærimus non satis spectent), cùm tamen veteris hospitii egregium exemplum ponant, atque, in lætis etiàm rebus, Romanos mores nos doceant, silentio non prætcrii : quod autem de Prusiani bibliotheca scribitur in eadem Epistola, maximè Ferreolum, inter illitteratas et barbaras gentes, litterarum nobilem hospitem pingit : « Hùc, inquit, libri affatim in promptu ; videre te cre- « deres aut grammaticales pluteos aut Athenæi cuneos, « aut armaria exstructa bibliopolarum. Sic tamen quod « qui inter matronarum cathedras codices erant, stylus « iis religiosus inveniebatur, qui verò per subsellia pa- « trumfamilias, ii cothurno latiaris eloquii nobilitaban- « tur ; licet quæpiam volumina, quorumpiam auctorum « servarent in causis disparibus dicendi parilitatem. Nàm « similis scientiæ viri, hìnc Augustinus, hìnc Varro ; « hìnc Horatius, hìnc Prudentius lectitabantur. Quos « inter Adamantius Origenes, Turranio Rufino inter- « pretatus sedulò fidei nostræ lectoribus inspiciebatur ; « pariter et prout singulis cordi diversa censentes ser- « mocinabantur ; cur à quibusdam protomystarum, tan- « quàm scævus cavendusque tractator probaretur ? quan- « quàm sic esset ad verbum sententiamque translatus, ut « nec Apuleius Phœdonem sic Platonis, neque Tullius « Ctesiphontem sic Demosthenis in usum regulamque « Romani sermonis exscripserint. »

Qua litterarum varietate Ferreoli et hujus similium mens excoleretur, imò quem finem, in legendo sibi proponerent, ex iis libris patet qui principem locum, Prusiani, in bibliotheca, et hospitum sermone occupabant. Etenim nobis in eodem honore, quamvis hi Augustinum et Varronem, Prudentium et Horatium habere, veterum ut nomen, sic stylum et mirabilem scribendi artem , sanè veneratione sua et summo studio prosequi videantur, recentioribus tamen scriptoribus, antè omnia, dediti, Origenis aut Augustini ex assidua meditatione lectione que cùm utilitatem maximam , tùm purissima gaudia petunt et capiunt. Imò eamdem bibliothecam jàm non paucos continentem libros religiosis matronis aptos mirari est, æquo jure, pari honore, pari quamvis diversa ingenii fama vitam, concordi mente, cùm viris agentibus, adeò ut Prusiani incolae assueti aut hospites varii, servata morum Romanorum specie, reipsa Christiani Christanis litteris devoti appareant, et armis freti, prudentia et gravitate antiqua, præcipuè Christi sublimi doctrina, quibus victi victores sint debellaturi ! Igitur cœlesti erectum sapientia Ferreolum, tot sanctissimorum scriptorum in cœtum admissum et quasi in sinu reconditum, è dilectissima quidem sed humana civitate Roma, ad alteram civitatem, divinam eamdem, quam ingenii vi summa amplexus descripsit Augustinus, non semel mente et cogitatione pervenisse satis verisimile est. Qui civis Romanus, totum se Republicæ devoverat, is profectò, Prusiani in otio, adversis rebus edoctus, melior Christianus evasit ! Si quem tandem sua studia depingunt, non parva laude dignum se Ferreolus praebet, qui pari facilitate, in utrumque studium incumbens, unà Origeni et Augustino studuerit : felix idem qui tam graves in bibliotheca sua, tàm nobiles, in villa sua hospites habuerit ! Imò illa ipsa jàm insignis dicatur aetas quae à veteribus Grecis et Latinis scriptoribus pulchrum quidquid et decorum acceperit, illud Christianorum utilitati, in novis operibus condendis verterit, et magis in lucem proferendae veritati, nitidam Virgilii aut Ciceronis artem applicuerit !

Quis enim, non jure credat, ex Ferreoli villa Sidonium, Constantium, Avitum fortassè, tot alios, non semel virtutis et litterarum acriori amore accensos exiisse, magis ad implenda vitæ munera et perficienda opera paratos !

Nunc autem, (si parva licet componere magnis) quomodò majorum nostrorum construerentur bibliothecæ, tantis divitiis cumulatæ, videamus. Credi potest, Sidonii ex Epistola et diversis operum fragmentis, bibliothecæ illud nomen aut armariis quibus libri servarentur, aut cubiculo in quo starent ipsa armaria datum fuisse. Hæc satis altè extruebantur, *pluteis* aut *cuneis* divisa, id est tabulis transversim inclinatis, quibus volumina legenda imponerentur, ipsa ità *forulis* et *capsis* ordinata ut eorum *umbilicus* et *sillybi* ad oculos conversi spectantium, lucidi vitri gratia paterent. Scripta verò, ut Boëtius, in suo de consolatione libro, nos docuit, non uno armario continebantur, (cujus rei fidem facit cubiculum quoddam Herculani repertum, mille et septingenta volumina diversis armariis amplexum), sed variis numeris inter se distincta ponebantur ; quod quidem Volpisci hæc verba significant : « In *sexto* Ulpiani bi- « bliothecæ armario librum Elephantinum vident » Præ- tereà libri, alii alia loca occupabant, ex ordine certo, unà collectis voluminibus quæ de eadem re aut circiter disserebant. Has suprà, mira arte, ebore ornatas aut aliqua pretiosa materie bibliothecas, possessoris ipsius vel cujusdam Deæ imago, scriptis et scriptoribus præerat ; ut apparet ex illo Juvenalis carmine : « *Hic* « *libros dabit et forulos mediamque Minervam.* » L. 3. V. 219. Jàm verò de Ferreoli bibliotheca satis est. Quod sequitur, in Epistola Sidonii, ad mores iterùm attinet : « « Studiis hisce dùm nostrum singuli quique, prout libuerat, « occupabantur, ecce et ab Archimagiro adventans, qui « tempus instare curandi corpora moneret, quem quidem « nuntium per spatia clepsydræ horarum incrementa ser- « vantem, probabat competenter ingressum, quinta digre- « diens. Prandebamus breviter, copiosè, senatorium ad « morem.... Inter bibendum narratiunculæ, quarum co- « gnitu hilararemur institueremurque, quia eas bifariam « orditas lætitia peritiaque comitabantur. Quid multa ? « Sanctè, pulchrè, abundanter accipiebamur. Indè surgen- « tes, si Voroangi eramus, hoc uni prædio nomen, ad sar- « cinas et ad diversorium pedem referebamus ; si Prusiani, « sic fundus alter nuncupabatur, Tonantium cum fratribus, « lectissimos æquævorum nobilium principes, stratis suis « ejiciebamus, quia nec facilè crebrò cubilium nostrorum « instrumenta circumferebantur. »

« Excusso torpore meridiano paulisper equitabamus ... « Balneas habebat uterque hospes in opere, in usu neu-

« ter... Vicina fonti aut fluvio raptim scrobs fodiebatur,
« in quam fortè, cum cumulus lapidum ambustus demit-
« teretur, antro in hemisphærii formam corylis flexibili-
« bus intexto, fossa inardescens operiebatur, sic tamen ut
« superjectis Cilicum velis, patentia intervalla virgarum,
« lumine excluso, tenebrarentur, vaporem repulsura sa-
« lientem, qui undæ ferventis aspergine flammatis silici-
« bus excuditur. Hìc nobis trahebantur horæ non absquè
« *sermonibus salsis jocularibusque*; quos inter halitu
« nebulæ stridentis oppletis involutisque saluberrimus
« sudor eliciebatur; quo, prout libuisset, effuso, cocti-
« libus aquis ingerebamur, harumque fotu cruditatem
« nostram tergente resoluti, aut fontano deinceps frigore
« putealique, aut fluviali copia solidabamur. Siquidem
« domibus medius it Vuardo fluvius, nisi cum deflua nive
« pastus impalluit, flavis ruber glareis, et per alveum
« perspicuum, quietus calculosusque, neque ob hoc mi-
« nùs piscium ferax delicatorum..... »

Quod superest magis dedito ventri quàm tanti nominis viro conveniret, nisi in perpetuitate hujus scribendæ Epistolæ, Sidonius ex consuetudine vir lætissima gravitate, hìc præcipuè faceto ingenioso que modo, ultrà quàm credibile est, rure amœno, hospitio nobili, litterato otio excitatus, lascivire videretur. Porrò autem, inter hæc *brevia* prandia, in *ipsis balneis*, nunquàm se egregius studiorum amator deserit, sive *sermones salsi joculares* que *horas trahant*, sive inter bibendum, *narratiunculæ*, *religiosæ* quidem, Ferreoli quasi *Præfecti morum* et *sapientiæ* mensam illustrent, convivas que aut *hilarent* aut *instituant*.

Talis, Prusiani aut Trevidi, hospitum et Ferreoli hospitii præsidis vita, honesta lætitia et gravitate temperata erat. Hìc generosissimi viri in villa et spatiis hortorum, tot inter sanctissimos scriptores, si non corpore, at ingenio et quasi voce præsentes, Christo duce, nova quædam Academia, obscura sanè, sed litterarum futuro decori, posteris edocendis et moribus castigandis, consiliis deniquè Dei non inutilis latebat.

CAPUT V.

De Ferreoli posteris.

Ferreolo natos superfuisse talem non æquaturos patrem, sed Gallorum ad mentem revocaturos, ità nos Sidonius docet. (1) « Si Prusiani, sic fundus alter nuncupabatur, Tonantium cum fratribus, lectissimos æquævorum nobilium principes, stratis suis ejiciebamus.... » Excepta autem hac S. Apollinaris Epistolæ parte, unius Tonantii memores posteri fuerunt ; quem suprà uno et ultimo nomine Tonantium appellatum esse, nec munere præfecturæ honoratum unquàm didicimus. Hic tamen dignus patre, et Sidonii amicus, imò studiosissimus apparet ex iis quæ sequuntur litteris, ubi de Tonantii acri judicio S. Apollinaris laudi non parcit :

« Est quidem, fateor, versibus meis sententia tua tàm « plausibilis olim, tàm favorabilis, ut poetarum me qui« busque lectissimis comparandum putes, certè complu-

(1) S. Apollinaris Ep — L. 2 Ep. 9.

« ribus anteponendum. Crederem tibi, si non, ut multùm « sapis, ità quoque multùm me amares. Hìnc est quod « de laudibus meis caritas tua mentiri potest, nec potest « fallere. Præter hoc, poscis ut Horatiana incude formatos Asclepiadeos tibi quospiam, quibus inter bibendum « pronuntiandis exerceare, transmittam. Pareo injunctis, « licet si unquàm, modò maximè prosario loquendi ge« nere districtus occupatusque. Deniquè probabis circà « nos, plurima ex parte, metrorum studia refrigescere ; « non enim promptum est unum eumdemque probè face« re aliquid et rarò. » (1)

Transcriptis deindè versibus, Sidonius tenerum adhùc amicum monet se inter pocula et dapes, hilarandis et informandis convivis narrationes religiosas carminibus anteponere, his paucis verbis :

« Quinimò quotiès epulo mensæ lautioris hilarabere, « religiosis, quod magis approbo, narrationibus vaca. His « proferendis confabulatio frequens, his redicendis solli« citus auditus inserviat. »

Nec tamen Sidonius, licet parvi poetas et non satis utilia convivis poemata ducat, sibi non indulgere potest, aut impedire quin vetera quædam carmina, carminum contemptor, « nugas etiàm in imo scrinii fundo muri« bus perforatas, in lucem ipse proferat » et Tonantio mittat, petens ut « præsentibus ludicris libenter amicus « ignoscat ; » addit que Sidonius : « Illud verò nec

(1(S. Ap Ep. — L. 9. Ep. 13.

« verecundè, nec impudenter injungo, ut quod ipse de « *familiaris mei integro libro* pronuntiavi, hoc tu quasi « sollicitatus exempli necessitate de meo sentias. »

Ex quo satis probatur Tonantium judicio subtili præditum, doctrina excultum, cujusdam libri non mediocrem scriptorem floruisse, quem carminum S. Apollinaris conscium haberet, et prudentem censorem haud contemneret, non adeò patre inferiorem cujus ad memoriam revocaret, litterarum studio, ingenium.

Nunc verò qui fuerint Tonantii posteri in dubio est, quamvis Ferreoli decus, per longum temporis spatium, provehere nonnulli tentaverint. Etenim, (1) « exstat apud « Sammarthanos, in historia genealogica Pepini, patris Ca- « roli Martelli, (quem Bouchetus, à Ferreolo Præfecto Gal- « liarum deducit) Tabula (2) posterorum Ferreoli Præfec- « ti, cui.. adversatur Sirmondus in Notis ad Sidonium.. » Necnon Lecointus (3) in « Ecclesiasticis Francorum anna- « libus, » Caroli magni originem suprà repetere dum tentat, inter avos Imperatoris Caroli magni, Tonantium Ferreolum numerat. Scriptor autem Germanicus, nomine

---

(1) Lacarius — Fereolus. P. 7.

(2) Hæc est Tabula :

1° « Tonantius Ferreolus, cui nupsit filia Chlodovaei regis.

2° Tonantius.

3° Ausbertus qui Clotarii filiam, Blitildem uxorem duxit, unus è majoribus Caroli Martelli. » Ex Mandajorsi suprà dicta memoria.

(3) Lecointus. Ecclesiastici Francorum annales 1 vol. p. 334.

Bonnelius, in suo libro ità inscripto: (1) « De principio « Carolingiæ domus » hanc contendit incertissimam genealogiam, initium suum habuisse, (2) decimo saeculo, ea causa fictam ut Carolo magno ortum genus, non modò jure rerum potitum, sed etiàm *Romanum* populis Romanis Septimaniæ et Aquitaniæ, ipsius Ferreoli satum olim sanguine, videretur. Quidquid id est, alterum Ferreolum, Ausberti filium, in Ucetica Urbe Episcopum sedisse, et virtute illustrem, in Judæis convertendis ad religionem Christi ætatem consumpsisse, refertur.

(1) Bonnelius. — Berlin. — 1866. — Parisiis. — Franck.

(2) In monasterio quodam, nomine Aniano, anno 782, erecto.

CONCLUSIO :

Haec omuia non incertis sæpiùs è documentis excerpta nos primùm illud docent, quomodò vir nobili loco ortus, T. Ferreolus *Galliarum Rector* et *Columen, prudentia* sua, Gallos ab Hunnorum sævo impetu et Romanorum avaritia servaverit, eloquio dulci, Thorismundum, Arelatis obsessi à mœnibus amoverit. Quem dilectissimum Præfectum Provinciales, *jugo tributario ferè exonerati, plausuum maximo accentu*, et triumphali pompa comitati sunt, imò, pro rara probitate elegerunt, ut Romæ, Imperii decus et Gallias ab improbo Arvando defenderet. *Romanum* igitur Ferreolum gravi cultu, temperantia, in administrandis rebus *Providentia*, ex altera parte videmus, Prusiani in otio nobili et quasi Academia, studiis omnem, solatii causa deditum, ad id unum intentum, ut *sacris*, antè omnia, *litteris* et litteratis det hospitium; nec tamen ille veterum est scriptorum immemor; priscæ etiàm consuetudini, (quod ad mores pertinet) *specie* obsequitur, *re* tamen *homo novus*, novi saeculorum ordinis prænuntius, (quamvis in finibus utriusque ætatis positus,) ità pietate insignis, ut *pontificibus*, honoris gratia, *admisceatur*, idem Sidonii amicus, cujus vitæ, decoris quoque aliquantisper esse particeps videtur, unus fortassè Caroli magni èp roavis, (1) eo deniquè melior Galliarum Rector et oppressi juris patronus, quo sanctior Christi discipulus.

Vidi ac perlegi, Vesontione, nonis Junii, MDCCCLXXVI, Facultatis Litterarum in Academia Bisontina decanus.

TIVIER.

Typis mandetur :

Academiæ Bisontinæ Rector,

LISSAJOU.

---

(1) De Ferreoli posteris, D. Bouchetus, hæc dicit : Fuit autem Ferreolus, avus Ausberti, ex quo et Blitilde uxore, filia Ausberti Clotarii Francorum regis, sunt majores regum secundæ stirpis progeniti.

ERRATA.

Page 20, à la cinquième ligne, au lieu de *Pyronæos*, lire *Pyrenæos*.

Page 9, au lieu de Proemium, lire *Procemium*.

Page 40 à la dernière ligne, au lieu de *Vuordum*, lisez *Vuardonem*.

INDEX CAPITUM.

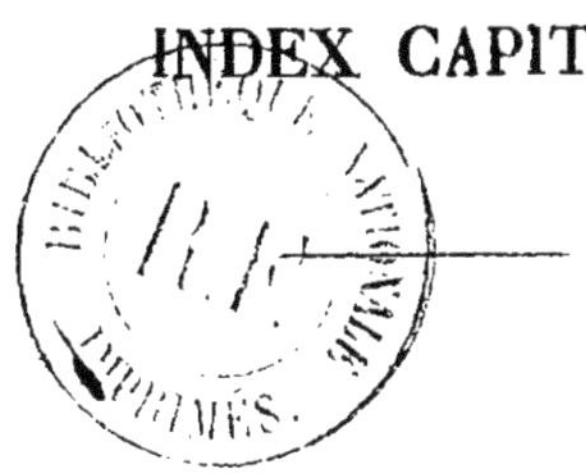

www.ingramcontent.com/pod-product-compliance
Ingram Content Group UK Ltd.
Pitfield, Milton Keynes, MK11 3LW, UK
UKHW020444180726
13839UKWH00004B/1609